Como el agua

Como el agua

Keiselim A. Montás

Zompopos
El libro es un Zompopo

© *Como el agua*
© Keiselim A. Montás, 2016
© D.R. El libro es un Zompopo
       Élitro Editorial del Proyecto Zompopos
       http://editorialzompopos.blogspot.com/

Ilustración de portada: D.R. © Mía Montás Antigua, 2013
Prólogo: D.R. © José Kozer
Ilustraciones: D.R. © Andy Castillo (www.andycastillo.com)
Fotografías: D.R. © Keiselim A. Montás
Caligrafía japonesa (Shodo): D.R. © Elena Hikari "光"—Shodo Creativo
   www.shodocreativo.com

Todos los derechos reservados por el autor. No se permite la reproducción total o parcial, en ningún medio o formato, sin la autorización previa y por escrito del titular del *copyright*.

ISBN **10:** 0-9788597-1-5
ISBN **13:** 978-0-9788597-1-8

Hecho e impreso en los EE. UU./Made & Printed in the USA.
Correo electrónico: AlaEditorial@zompopos.org

Para Mía, que es mi agua.

Índice

Agradecimientos   xi

Prólogo   xiii

Agua (水) --- 1

    漁夫 (pescador)
    筏 (balsa)
    せせらぎ (riachuelo)
    海 (mar)
    雨 (lluvia)
    川 (río)
    凍てついたせせらぎ (arroyo congelado)
    逢引 (cita)
    水循環 (ciclo del agua)
    舞 (danza)
    雪解け水 (hielo/nieve derritiéndose)

Naturaleza (自然) -- 15

    蛍 (luciérnaga)
    夜明け (amanecer)
    鳥居 (torii)
    夏 (verano)
    冬 (invierno)
    極光 (aurora)
    春 (primavera)
    砂漠 (desierto)

竹 (bambú)
楓 (arce)
虹 (arcoíris)
蜱 (garrapata)
胡蝶 (mariposa)
木 (árbol)
発芽 (germinación)
フレーム (marco)

Vida (人生) --- 33

弓道 (arquería)
対 (versus)
誕生 (nacimiento)
井戸 (pozo)
茶道 (ceremonia del té)
糸 (hilo)
忘却 (olvido)
生命 (vida)
凧 (cometa)
信条 (credo)
時間 (tiempo)
出発 (partir)
人間 (ser humano)
調和 (harmonía)
仮出獄 (libertad condicional)

Escritura (書) ---51

最後の詩 (último verso)
待合室 (sala de espera)
不完全 (imperfección)

劇作家 (dramaturgo)
憂鬱 (melancolía)
掛け軸 (kakejiku: rollo vertical de caligrafía)
真髄 (imprescindible)

Agradecimiento especial a Sachi Schmidt-Hori, por la revisión de los subtítulos en japonés y por sus sutiles sugerencias; a Elena Hikari "光" y a Akiko Harimoto "Soja", de *Shodo Creativo*, por su arte.

Y un agradecimiento muy especial a Andy Castillo, por su pincel, su lápiz, su talento y su amistad; porque sus ilustraciones fluyen como el aguacero sobre los techos caribeños, como la tinta sobre el *washi* (和紙), y como los copos de nieve entre los abedules de mi patio.

Prólogo

Como el agua: una vasta concisión

Agua al comienzo y al final: dos puertas que se abren y cierran a lo largo de este libro de poemas de Keiselim A. Montás, forjando una vasta concatenación, guirnaldas de agua que acaban siendo un eterno retorno, visión cíclica de la naturaleza, la vida y la escritura por la vía del agua. Título que funciona a la vez como símil (o sea, como escritura y aliciente de continuidad en la escritura) y como fundamento de entendimiento y retención de uno de los cuatro elementos (agua) que conforman la realidad desde la perspectiva de la tradición occidental: agua que "como el agua", entre sus diferentes momentos, tiene tres que este libro privilegia: su fluir (donde fluir implica modulación y cambio heraclitiano, implica obstrucción y desvío), su estancamiento (y aquí la naturaleza, detenida, puede reflejarse en acto autorreflexivo y de contemplación) y su momento último de desembocadura (que es a la vez hecho natural, concepto filosófico y personal narración del poeta ante lo irremediable: "nuestras vidas son los ríos / que van a dar a la mar / que es el morir").

El agua tiende a desbordarse, el diluvio universal (catastrófico) es una de sus posibilidades cotidianas, recurrentes, a la vez históricamente mitificada, universalmente contada y recontada en numerosas tradiciones, y asimismo interiorizada en toda la poesía universal como signo de devastación y muerte: y de resurrección y continuidad. El poeta tiene la opción del desbordamiento, o la ocasión (escogida por el estro de Montás) del comedimiento: el haiku, que no se utiliza sistemáticamente a través de esta obra por capricho, sino como arma de corrección que rectifica la realidad y modera el lenguaje, es el mecanismo poético, para nada gratuito, que en este caso se propone coordinar los abruptos cambios a los que el agua nos somete. Agua que se desborda tiene en el haiku su dique, no tramoya sino límite, no enredijo sino limpidez, y desde esa nitidez escueta y rápida de esta forma de expresión poética, un fulcro que une y reúne los elementos diversos de la naturaleza, de la viva realidad y su escritura, en un espacio acogedor en que las criaturas tienen su obligado sitio (la función del poeta estriba en descubrirlo y revelarlo) sitio donde persiste, a través de todo el poemario, una relación armoniosa entre sujeto y objeto, entre naturaleza y escritura, entre vida y sensación de vida. La premura de la existencia lleva a la separación entre sujeto y objeto, mas la instantaneidad que caracteriza el haiku (pincel, papel, intuición, gesto y acto de inscripción, entronque y raudo final) le devuelve a la existencia la unión del sujeto con el objeto, de modo que mientras todo fluye, se desvía y busca su camino (de perfección) todo a la vez se vuelve unidad, mutua participación, viva relación. Así, "Hombre es caña / sobre la barca —lombriz— / el pez es agua". La lombriz no es símbolo de nada, no es signo de dolor humano, ni transferencia alguna, la lombriz es la lombriz, y en este caso su función es la del cebo, función natural que tiene su propia lógica, vehículo de conjunción entre poeta y poema, entre necesidad de expresión, que es necesidad de comprensión, y un resultado, el haiku de un libro que como el agua brota, se mueve, se detiene, continúa, forja realidades, establece ajustes y reajustes, como sucede con todo camino, y termina desembocando: no es casualidad que el título contenga agua, ni que el primero y último poema del libro terminen, con sentido diverso, en agua.

Libro referencial que exige del lector un conocimiento y una búsqueda de puntos de apoyo para la mejor comprensión del texto. Donde se cruza por un brazo de agua al otro lado tenemos, por ejemplo, una oculta y válida referencia al Sutra del corazón y su *gate gate paragate parasangate bodhi swaja*. En el haiku donde "Corren las aguas", el yo poético se ve abocado al cambio, dándole al poema su sentido heraclitiano, uno de los signos fuertes del pensamiento histórico, entreverado de tonalidad occidental y oriental, de modo que Heráclito sirve de puente, de *torii*, a dos culturas que siempre hemos tendido a separar y contrastar como opuestas, y que ahora por fin intentamos comprender como parte de una misma visión compleja y plural de la Humanidad. O unas luciérnagas que bailotean en la noche oscura y despiden propia luz, pueden referirse tanto a "Noche oscura" de San Juan de la Cruz como a la naturaleza que utiliza la poesía de Basho.

Como el agua es un delicado tapiz verbal y de imágenes, una fronda que verdece, se seca, muere y reaparece en cuanto estaciones naturales y lenguaje diestro y breve, centrado en un ojo fisiológico y mental que busca, sin exasperación ni desespero, la mayor comprensión posible de lo que a la vista, día a día, se nos presenta. Poema a poema, página a página, los elementos se concatenan, se entrecruzan e intercambian sus fundamentos, para romper compartimentos estancos y círculos viciosos, y crear en su lugar ese hermoso "vaivén de rocas" de uno de los primeros poemas del libro. Estamos ante una obra donde todo, en armonía, es secuencia, consecuencia, continuidad: Heráclito se da la mano con Parménides, lo que fluye acoge a lo que permanece. No hay enemistad sino comprensión, no hay daño sino suave cauterio y reparación. Carpintería, arquitectura, visión. Las estaciones centradas, una a una, se hermanan en la concentrada atención del ojo y la mano del poeta. Agua retenida y agua que fluye, agua que es agua y que es como el agua. Todo conecta y puede darse el lujo de ser vapor, niebla y nebulosa, ascenso y descenso, caída y sacudida, y recuperación. Y en todo este proceso, fugaz e interminable, espejo y espejismo de la naturaleza, el lenguaje está al servicio de la creación poética, y fluye como fluye el agua para desembocar en un hermoso libro de poemas de la mano del poeta dominicano Keiselim A. Montás, que a la vez ha sabido conjugar escritura con pintura, alfabeto propio con alfabeto ajeno, belleza ulterior desde la cercanía del momento, su chisporroteo primero y su largo camino a la luz más quieta y límpida de una geografía de arenas congeladas, y una arquitectura personal y universal, donde, desde la humildad, un "Árbol desnudo, / sueña en febrero con / la primavera".

José Kozer

Agua

Hombre es caña
sobre la barca —lombriz—
el pez es agua.

漁夫

Brazo de agua
ala que cruza —fugaz—
al otro lado.

筏

Hojas y cielo,
puente sobre el río:
correr de aguas.

せせらぎ

Velero de sal
al viento de espumas;
vaivén de rocas.

Lluvia otoñal
quita hojas que pone
lluvia de abril.

Corren las aguas,
cambias; te reconozco,
eres el mismo.

川

Rugir de abril,
—murmullo de agosto—
eco invernal.

凍てついたせせらぎ

Hembra sonríe
—espejo del río— por
guiño del macho.

Sube en vapor
fugaz, alto reposo:
baja en grumos.

水循環

Copos de marzo
son vals del invierno con
la primavera.

Fluidez de cristal
en ronroneo que va
rumbo a abril.

雪解け水

Naturaleza

Las luciérnagas
en la noche oscura
bailotean luz.

Sol desnudando
montañas vestidas de
niebla matutina.

夜明け

Verde fondo del
patio —cede— del Torii
rojo abierto.

鳥居

Abril es verde
—verano puente— y es
rojo octubre.

Nieve algodón
(traje del esqueleto)
cubre el árbol.

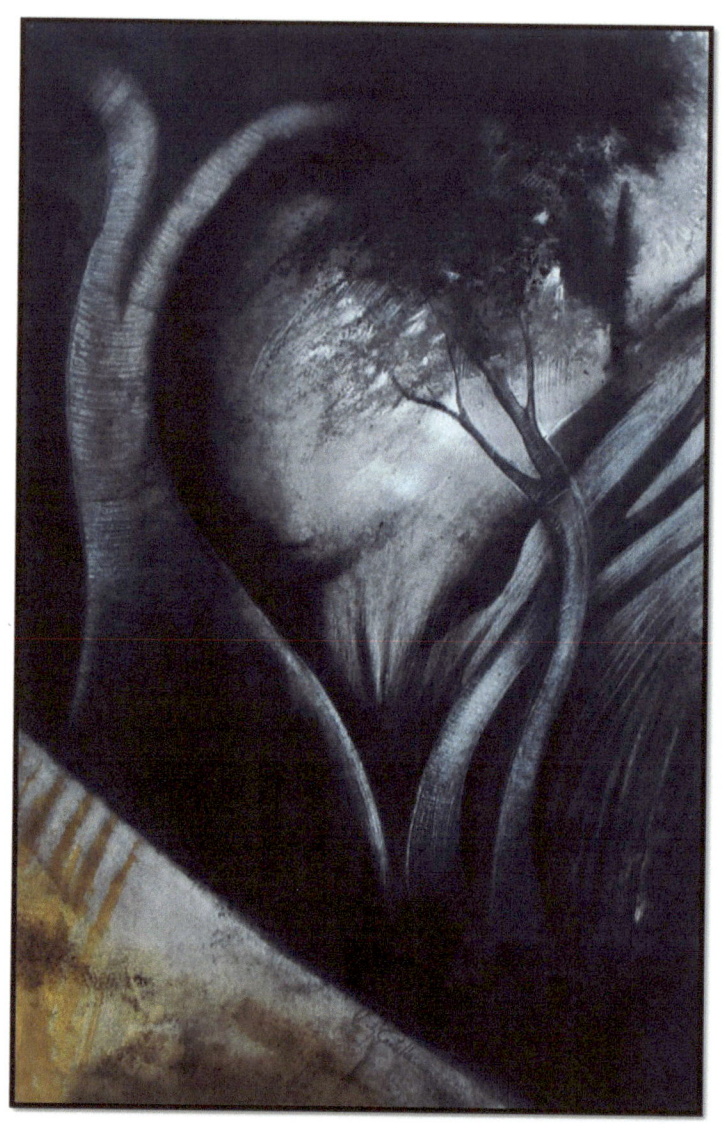

Y de la noche
—al pasar lentas horas—
nace el día.

極光

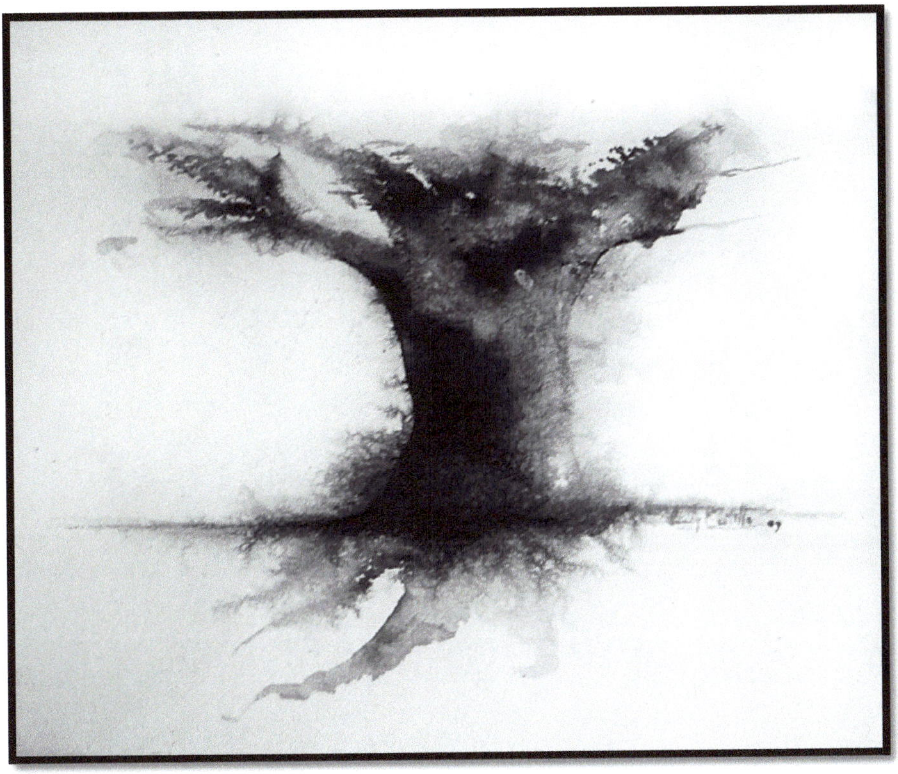

Árbol desnudo,
sueña en febrero con
la primavera.

Arenas vastas
—los días de infierno—
de noches frías.

砂漠

Senda del monte
marcando el camino
de verde bambú.

竹

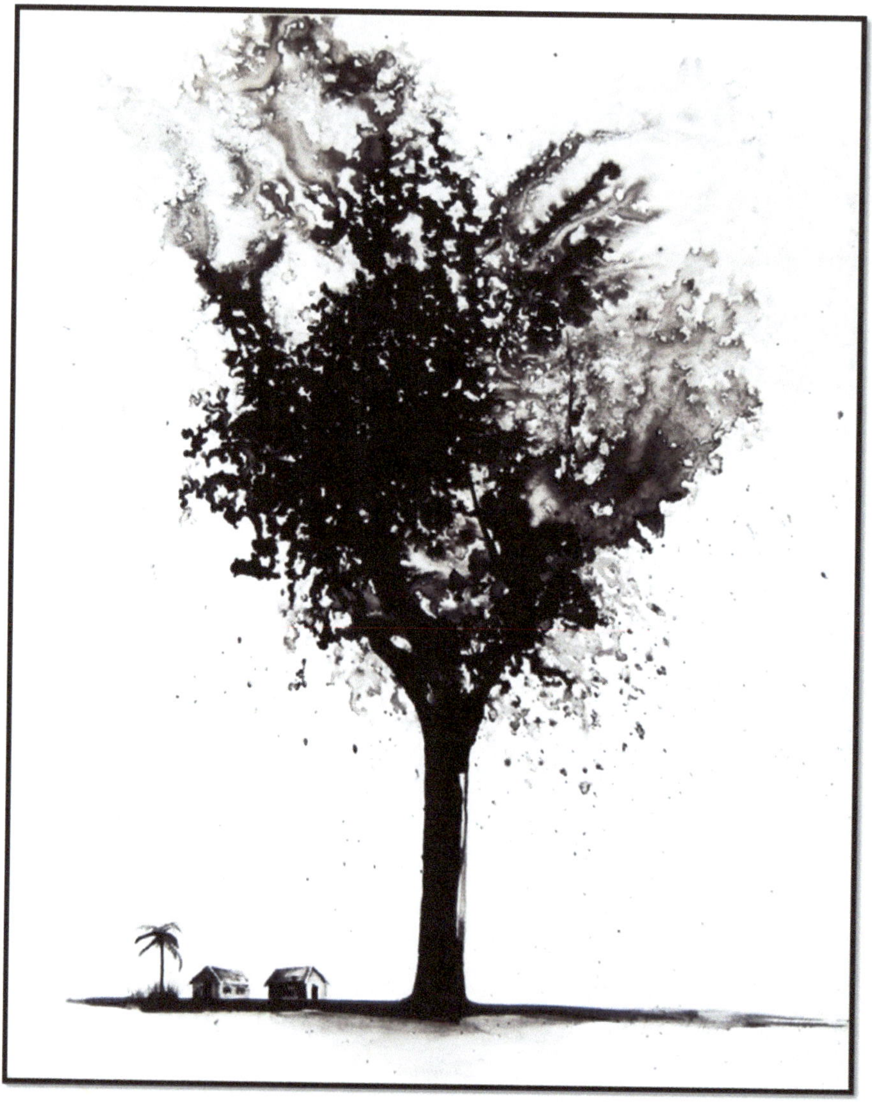

Los desvestidos
de otoño reviste
la primavera.

楓

Siete colores
—arqueando— puente entre
cielo y tierra.

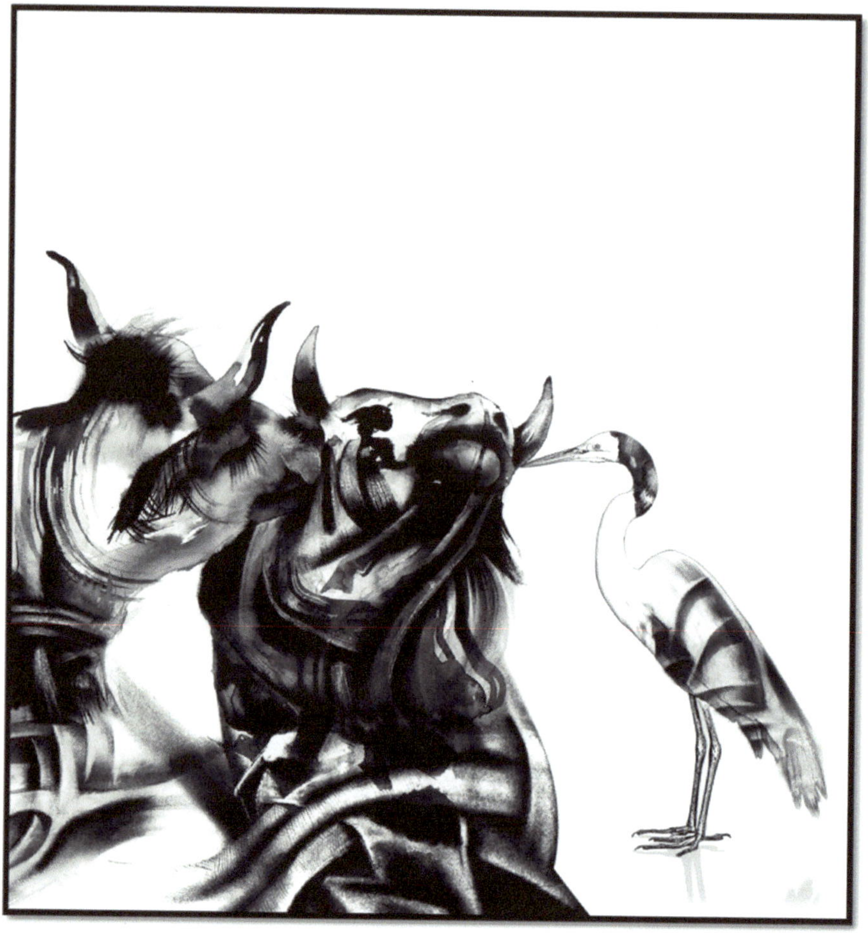

Garza y vaca
—las une y desune—
la garrapata.

蜱

De crisálida
(gusano de seda); ya:
alas y vuela.

胡蝶

Tronco silvestre
creció para dar casa,
barca o carbón.

En germinación:
tierra, agua, sol vuelven
a ser semilla.

発芽

Verde y blanco:
rojo Torii es, también,
marco del arce.

フレーム

Vida

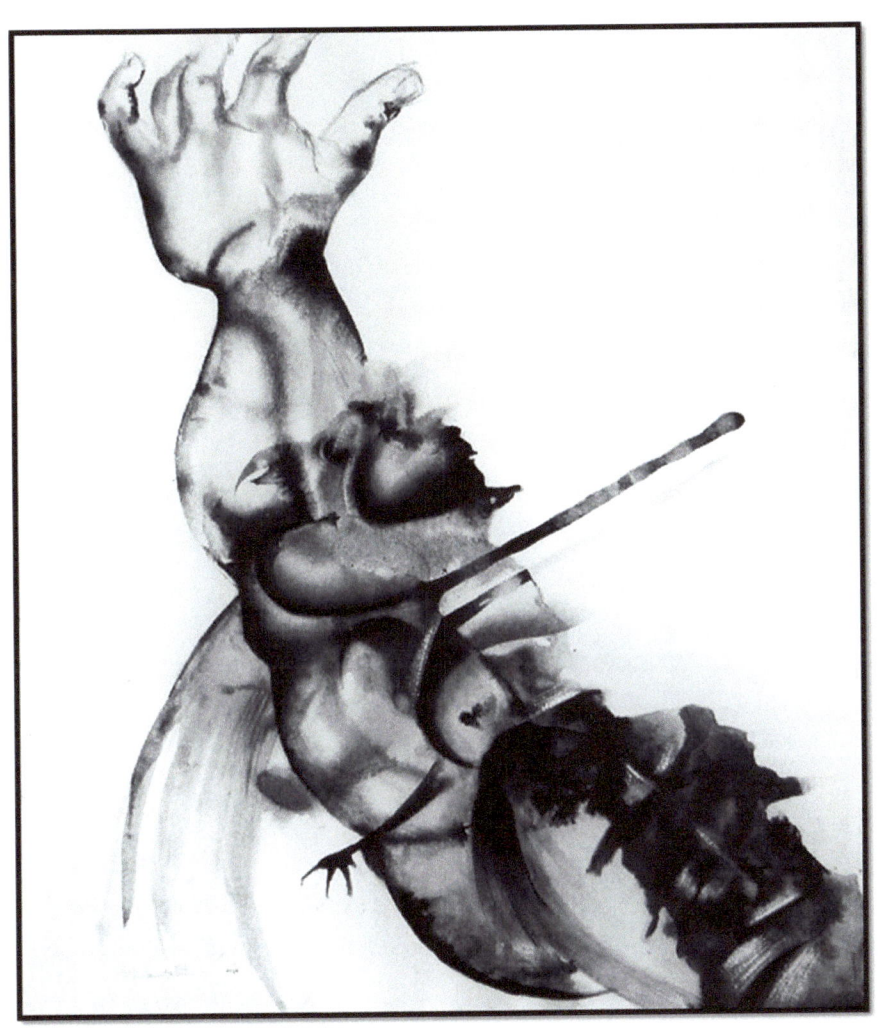

Maestro diestro
sin arco, apunta: ¡zas!
garza al suelo.

弓道

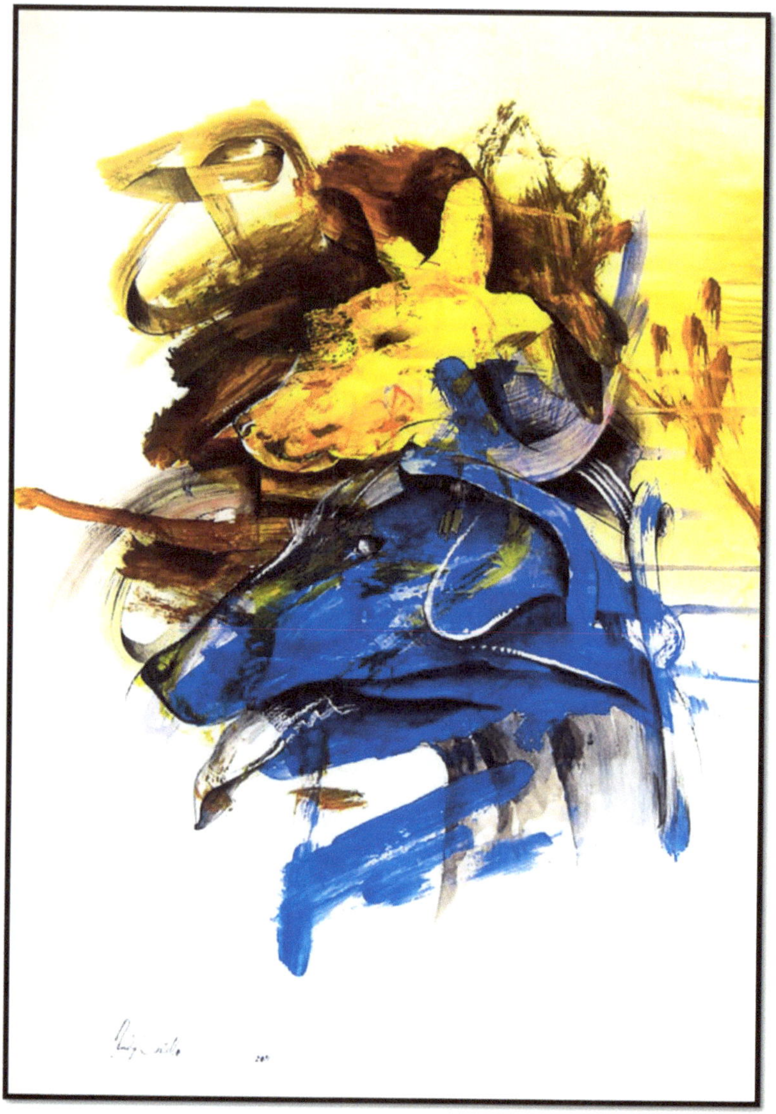

Mano izquierda
sube —espejo— sube
derecha mano.

対

Dos antes eran,
por procreación de uno:
las alegrías.

誕生

Cae vacío
al vacío, se llena
y sube lleno.

井戸

Emperador es,
en ceremonia del té,
mortal como Yo.

茶道

Cometa al sol
ata niño al vuelo
y a su sombra.

Sólo recuerdas
lo olvidado; favor:
no me recuerdes.

忘却

Bajar y subir
—senda de doble vía—:
albor — óbito.

生命

Ave de papel
sujeta por el cordel
de la infancia.

Soñador para
la realidad; para
sueños, realista.

信条

Hoy será ayer
mañana, y, mañana
ayer será hoy.

時間

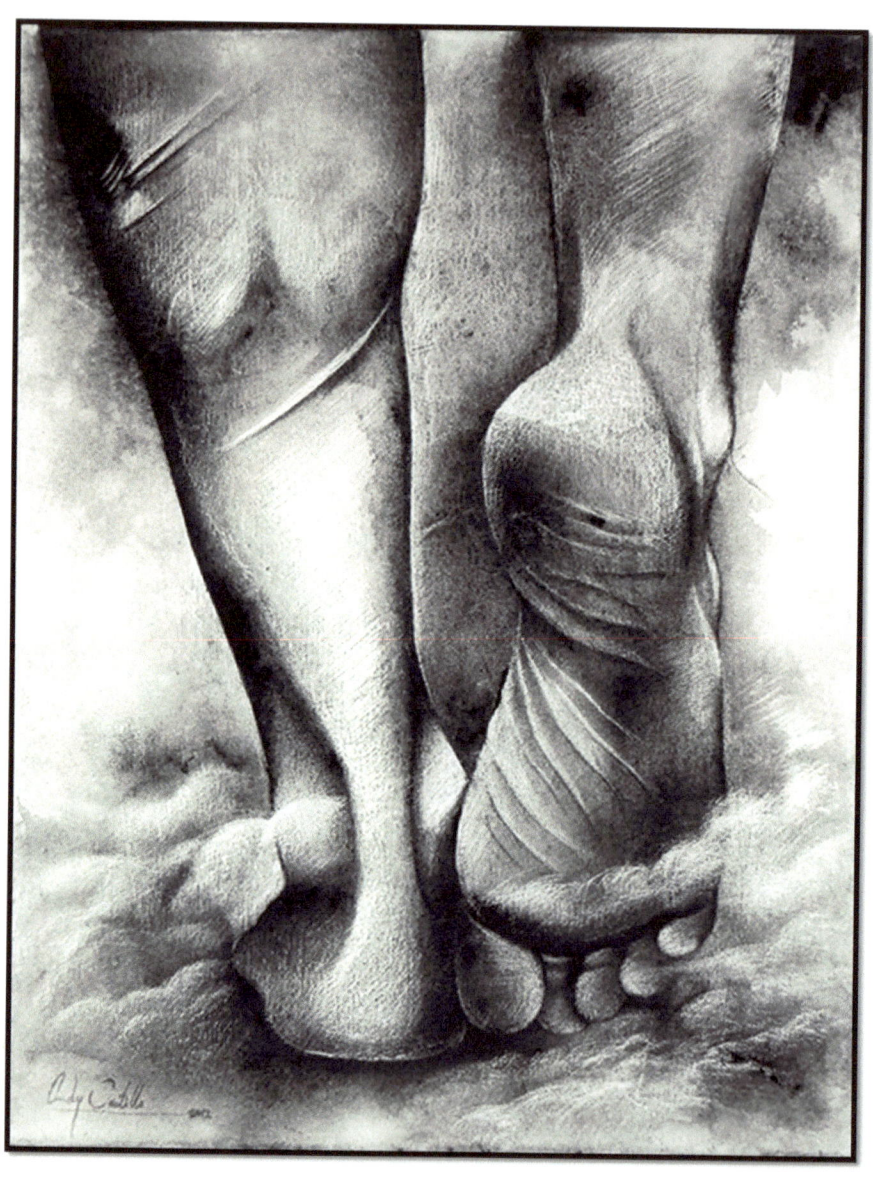

Llegada fugaz
augura nostalgia de
larga partida.

出発

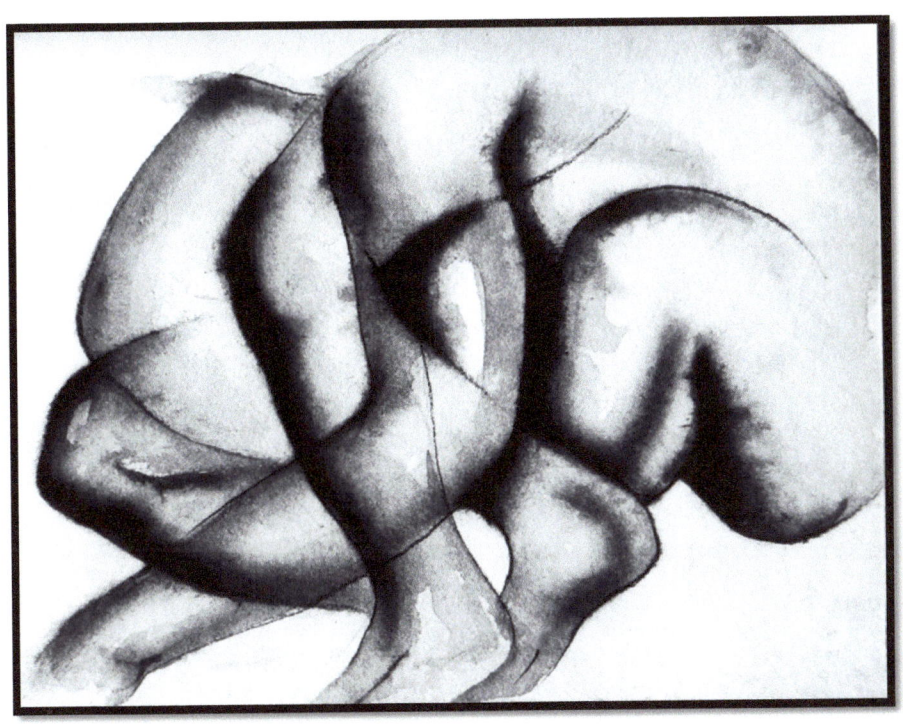

Poner en torso
el kimono, vestido;
quitar, desnudo.

人間

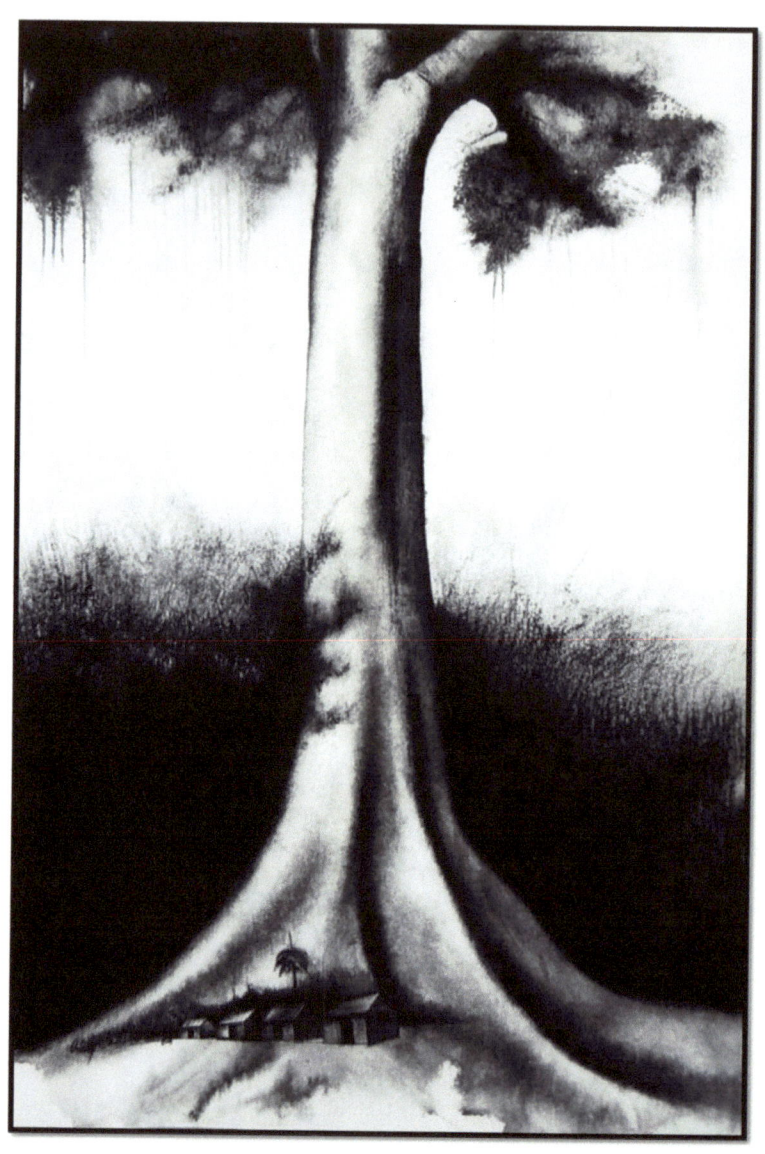

Que lo poco que
falte no arruine lo
mucho que ya hay.

調和

Entra el aire
emancipándome; hoy,
realmente preso.

仮出獄

Escritura

Blanco el papel,
no lo he escrito aún:
hay esperanzas.

最後の詩

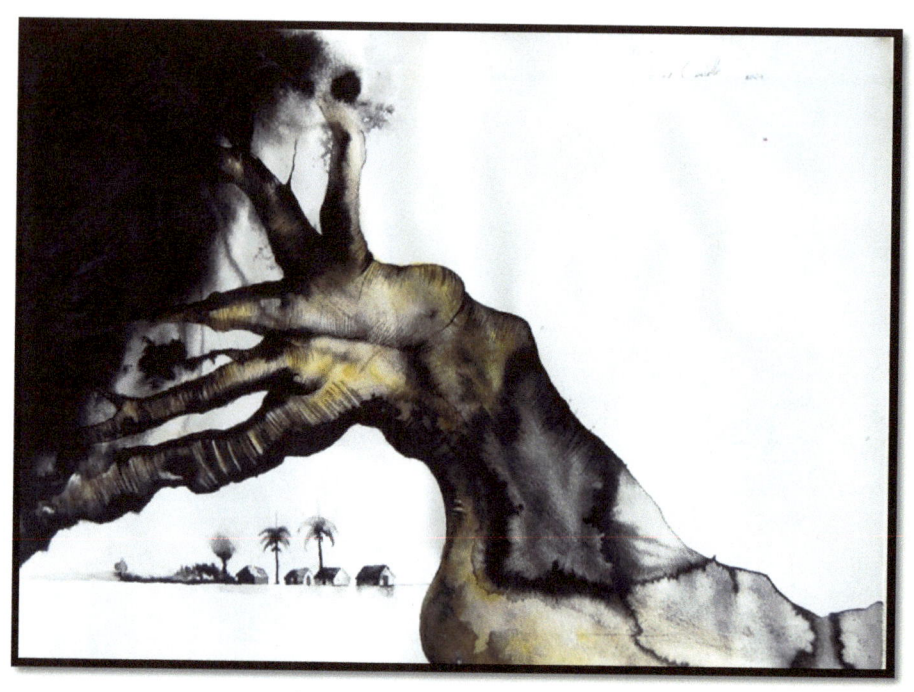

...y estoy aquí,
llorando embarazo;
espero verso.

待合室

Versos completos
deshechos de imagen:
borrones sin luz.

不完全

Jugando a ser creador, hizo todo espectáculo.

劇作家

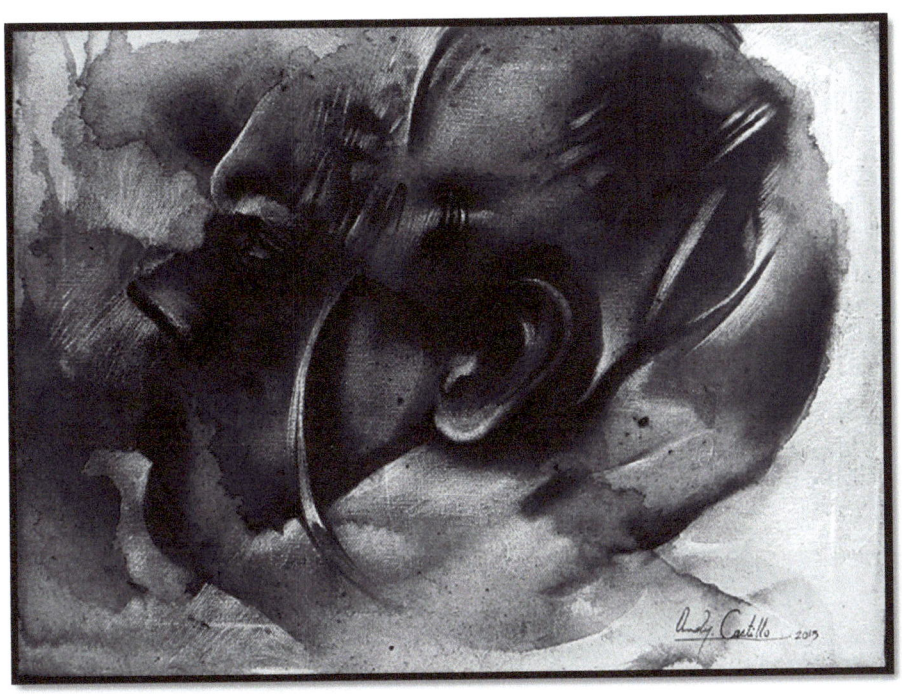

Oscuridades
de perder musas: cuando
estoy a ciegas.

憂鬱

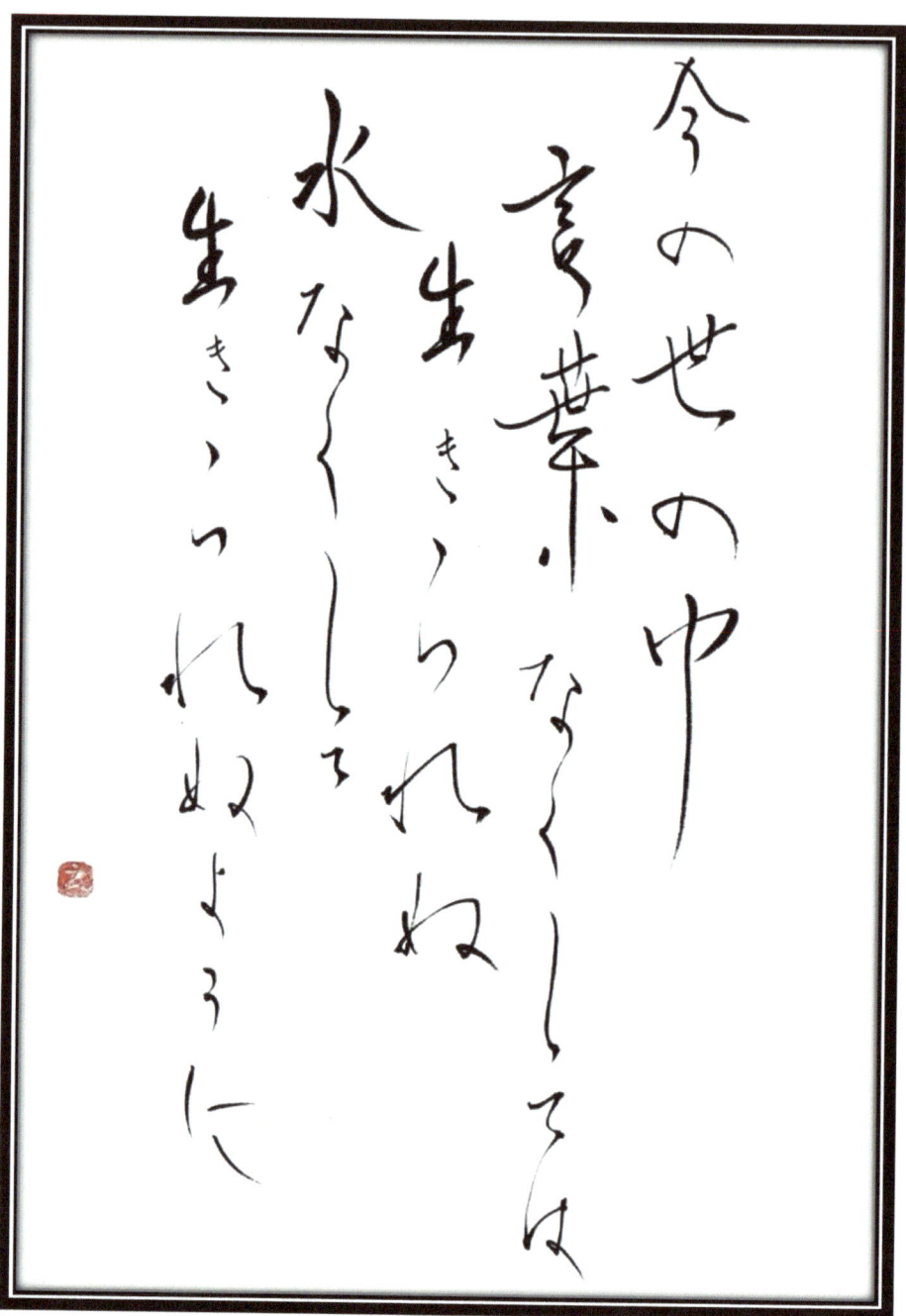

Traducción al japonés de Akiko Harimoto "Soja" - Shodo Creativo
www.shodocreativo.com del haiku:
Hoy, sin palabras, / imposible es vivir; / como sin agua.

Trazos de tinta
vociferan palabras
sobre un lienzo.

掛け軸

Hoy, sin palabras,
imposible es vivir;
como sin agua.

真髓

Zompopos
El libro es un Zompopo

COMO EL AGUA de Keiselim A. Montás se terminó de editar y diagramar en el mes de julio de 2016, en New Hampshire. Esta edición estuvo al cuidado exclusivo del autor.

Élitro Editorial del Proyecto Zompopos
El libro es un Zompopo
(*The Zompopos Project*)
New York – New Hampshire
www.zompopos.org

Libros publicados:

Amor de ciudad grande
    Keiselim A. Montás (2006)
Allá (diario del transtierro)
    Keiselim A. Montás (2012)
Cuando el resto se apaga
    Kianny N. Antigua (2013)
Islamabad queda al norte
    Jimmy Valdez-Osaku (2014)
En sus pupilas una luna a punto de madurar
    José Gustavo Melara (2015)

Todos disponibles en
http://editorialzompopos.blogspot.com/

El Proyecto Zompopos: Este proyecto promulga al Zompopo (hormiga corta hojas / *atta cephalotes*) como un símbolo de cooperación entre los humanos y nuestro medio ambiente, identificando intereses comunes en necesidades, cultura, lenguaje e ideales. Propone un auto-examen de nuestra cotidianidad y una revisión de nuestras formas de consumo para dar nuevos usos a objetos que normalmente desechamos.

***The Zompopos Project:** This Project champions the Zompopo (leaf cutting ant / atta cephalotes) as a symbol of cooperation amongst humans and our living environment by finding common ground via needs, culture, language and ideals. It proposes a look at our daily lives and a revision of our modes of consumption in order to find uses for objects we would normally discard.*

www.ingramcontent.com/pod-product-compliance
Lightning Source LLC
Chambersburg PA
CBHW042057290426
44112CB00005B/58